LE TRIOMPHE
DES ROYALISTES

, ET DE

LA CAUSE SAINTE

ou

LA CHUTE DU TYRAN.

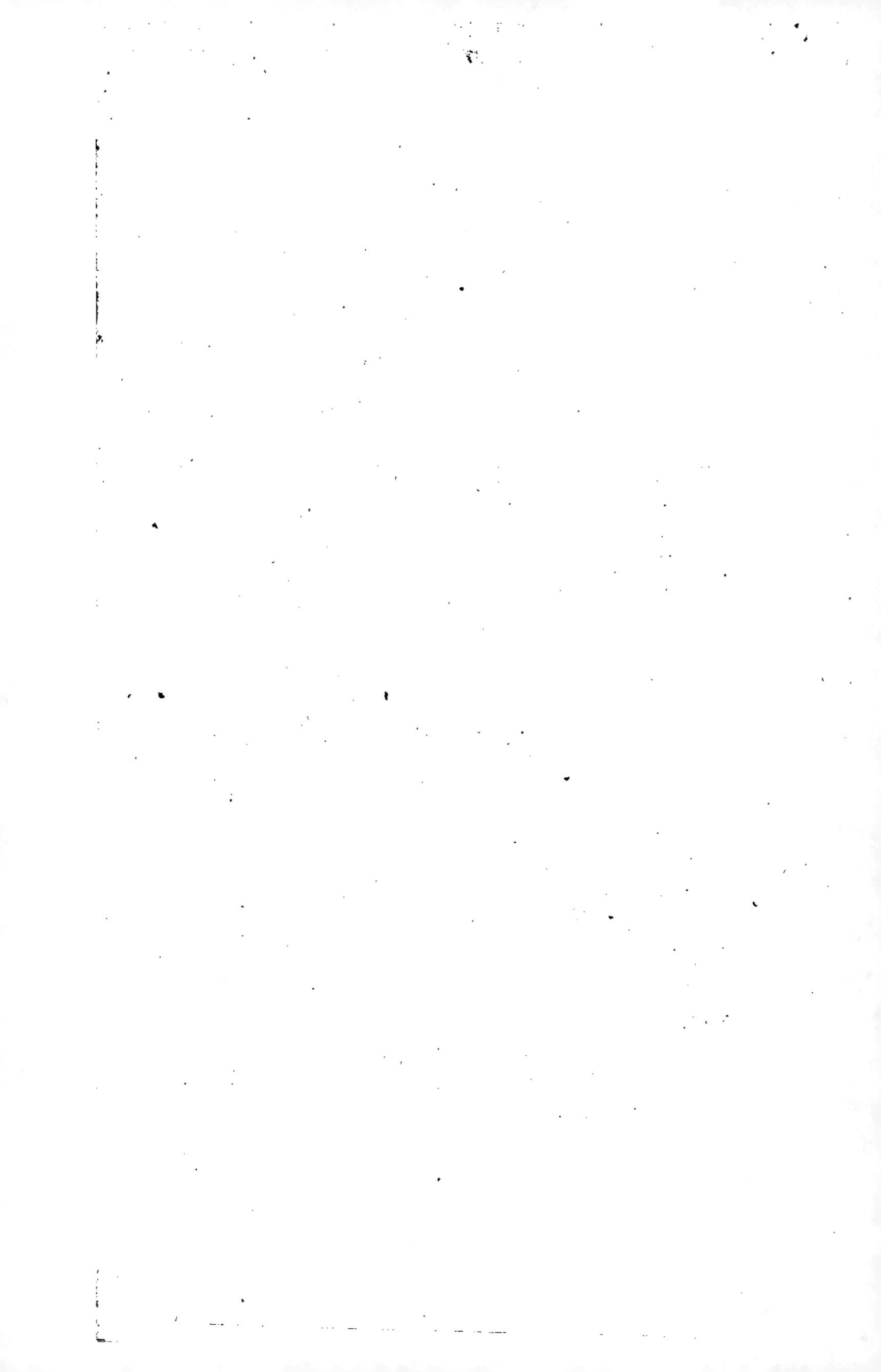

LA CHUTE DU TYRAN,

Frontispice Allégorique.

Son triomphe fut court, sa peine est éternelle,

Et son cœur immortel et fécond en tortures,
Pour les rouvrir encore referme ses blessures.

LE TRIOMPHE
DES ROYALISTES

ET DE
LA CAUSE SAINTE

OU

LA CHUTE DU TYRAN.

Par P. CUISIN.

Exterminez, grand Dieu, sur la terre où nous sommes,
Quiconque avec plaisir repand le sang des hommes.

VOLTAIRE, *Mahomet.*

PARIS,

CHEZ { PLANCHER, ÉDITEUR, RUE SERPENTE, N° 14;
EYMERY, LIBRAIRE, RUE MAZARINE, N° 30;
DELAUNAY, LIBRAIRE, AU PALAIS ROYAL.

1815.

Les exemplaires voulus par la loi ayant été déposés, je poursuivrai les contrefacteurs selon la rigueur des lois.

Plancher

EXPLICATION SOMMAIRE

DU FRONTISPICE ALLÉGORIQUE.

Nous nous plaisons à croire, en notre qualité d'Editeurs, que nos Lecteurs ne trouveront pas surabondante ici l'EXPLICATION SOMMAIRE que nous allons leur donner de la gravure du FRONTISPICE ALLÉGORIQUE, qui se trouve en regard du titre de cette brochure, ayant pour intitulé : « LA CHUTE DU TYRAN. » Non pas que nous faisions au public l'injure de croire que sa sagacité, ses connaissances en mythologie ne lui ont fait aussitôt comprendre le sens bien évident, renfermé dans la scène d'application qui lui est présentée; et que lent à saisir toutes les allusions et tous les *points d'accusation* qui tombent simultanément sur BUONAPARTE, l'odieux objet des emblèmes qui y sont offerts à la vue, ce même public puisse *douter* au premier aspect, et ne pas embrasser vivement et d'un coup d'œil rapide, tous les détails d'une allégorie qui va droit au cœur comme à la pensée de tous les esprits justes et éclairés..... Mais, convaincus d'ailleurs sur ce point, nous avons cependant cru pouvoir ici jouir du plaisir de nous appesantir nous-mêmes sur tous les accessoires de cette gravure, et sur les *double - sens* de sa composition. Ce tableau n'est-il pas, en effet, comme un *point de centre* qui réunit à la fois tous les vœux et tous les sentimens ?..... Des volumes diraient difficilement ce que l'art de la gravure exprime ici aussitôt dans un cadre resserré et concis; et ce petit poëme, fruit de l'imagination d'un peintre fort ingénieux, proclame, en traits burinés et éloquens, tout ce que les pages de l'histoire diront bientôt à l'avenir en traits de sang et de feu.....

LA CHUTE DU TYRAN, depuis quinze ans de destructions, était désirée sans doute et *gravée* dans toutes les ames; le cœur du siècle recélait secrètement l'arrêt muet de la condamnation de Buonaparte; mais cette sentence de mort, tracée avec les larmes et le sang de la France, profondément ensevelie au fond du cœur, se trouvait sans force, loin de pouvoir se manifester; et l'impunité de tous les genres de forfaits commis par un *seul homme*, l'invitait de jour en jour à en commettre de nouveaux sous les auspices affreux des premiers.....

Ce n'est donc qu'aujourd'hui où la Vertu assise sur le trône des Lis, l'Europe en armes viennent d'abattre, pour la dernière fois à leurs pieds, L'HYDRE IMPÉRIALE, sous la figure d'un *cruel insulaire*, qu'il est permis d'épanouir son ame aux justes ressentimens dont elle est pleine.....

Dieu nous garde d'appeler sur cette tête impie, celle du tyran, l'anathème lancé depuis long-temps sur elle par une puissance supérieure : malgré qu'elle ait été l'horrible foyer de tant de conceptions infernales, et qu'elle ait vomi, comme la boite de Pandore, sur notre belle France, et les deux tiers de l'Europe ensanglantée par ses incursions, tous les fléaux qui ravagèrent à la fois les quatre parties du globe..., nous ne voulons en rien, dans nos souhaits, participer à la fureur qui accompagna tous ses attentats : nous nous garderons donc bien d'un sentiment de vengeance direct sur l'implacable Génie qui nous martyrisa quinze années sans relâche, et nous renfermant dans l'expression d'une dédaigneuse pitié, nous n'invoquerons pas le glaive de la mort sur la tête de celui qui employa constamment sa funeste activité à lui dresser de funèbres autels.....

Que Buonaparte vive, c'est, nous le croyons, le désir le plus cruel qu'on puisse former pour lui; mais que ce bizarre amant de la vie, qu'il fit tant de fois prodiguer aux autres, rassemble autour de son cœur, *comme un autre Prométhée*, autant de remords qu'il commit de crimes !..... Qu'il vive !.... mais comme il est peint dans cette gravure,..... toujours sous l'épée de DAMOCLÈS, et sous le glaive de l'inexorable Destin.....
Oui, l'Europe consent qu'il existe,..... mais pour savourer sa lâcheté assassine ;..... pour que des serpens, sans cesse acharnés sur ses flancs et son cœur en lambeaux, le dévorent, et que la terreur des remords, inséparables du crime, abreuve d'horreur et de tourmens toutes les heures de sa vie !.....

Reposons-nous donc du soin de la vengeance des nations, qu'il a si long-temps provoquée, SUR LE TRIPLE TRIBUNAL DE LA JUSTICE, DE LA VERTU ET DE LA RELIGION, qui, dans cette gravure, déploient ensemble, d'un bras vengeur, toute la force de leur puissance....... Ne voyez-vous pas déjà les implacables Euménides, ingénieuses à faire apparaître, dans ses songes, les ombres de toutes ses victimes ??? ..... Cette inflexible ATROPOS, qui tranche le fil de ses jours dans cette peinture ? ...... Suivez-la..... ; déjà assise sur le rocher de Sainte-Hélène, elle l'y a devancé, elle y plane et attend sa proie, pour faire retomber sur sa tête, en rares *gouttes de sang*, son premier *assassinat national de Brumaire*..... — C'est en vain que, dans les paradoxes de sa métaphysique, de son *idéologie* homicide, il considère la justice divine et les lois humaines, comme des freins *de pur préjugé*, et qu'il veut encore pallier ses forfaits par l'excuse spécieuse de la politique !.... Là, assis sur cette roche aride, le Remords l'attend; il lui arrache le masque de tous ces artificieux sophismes; il le dépouille aussitôt de ses vaines idées de grandeur et de pompe : plus d'armées, de trône, de manteau impérial, de flatteurs à ses pieds..... C'est l'homme seul, *nu* devant son Dieu, devant son juge : la scène des localités ajoute à son horreur; le spectacle imposant des tempêtes qui manifeste la puissance terrible d'un Dieu vengeur, tout augmente son épouvante. Buonaparte, enfin, se couche au sein des remords : *comme le roi Léar*, il se réveille en sursaut; poursuivi par eux et fatigué, harcelé par des songes épouvantables, il tombe éperdu sur le corps ensanglanté du duc d'Enghien, et croit encore, au sein même du réveil, que ce spectre lui parle et agite devant ses yeux des torches et des serpens.....

Qu'elle est à craindre la vieillesse, pour l'homme qui ne peut remonter le fleuve de la vie, sans y rencontrer des écueils; qui ne peut descendre en lui-même, sans y fomenter le souvenir déchirant d'une mauvaise action ou d'un crime : c'est la situation de Buonaparte; il porte en lui son juge, son tribunal et son bourreau; et les rochers de Sainte-Hélène, dans le silence de la captivité, vont présenter bientôt à son esprit, le terrible miroir de vérité qu'il a terni pendant quinze ans de son souffle imposteur..... Des galanteries, des liaisons criminelles ne viendront plus, par le charme du plaisir des sens et des illusions, chasser une mémoire importune, et interrompre un moment les tortures de ses réflexions : ici, il est seul, sans courtisans qui le bercent de coupables chimères, et captif de son plus cruel ennemi..... Lui-même.....

Abandonnons-le pour toujours, et payons un tribut d'hommages à la mémoire de l'immortel DELILLE, qui, dans sa belle traduction de L'ÉNÉIDE, nous a permis d'y prendre une épigraphe parfaitement convenable à notre gravure :

« Son triomphe fut court, sa peine est éternelle ;
» .   . . .
» Et son cœur immortel et fécond en tortures,
» Pour les rouvrir encor referme ses blessures. »

Que pourrait-on ajouter à ces sanglantes et poétiques apostrophes !..... Nous allons clorre cette EXPLICATION SOMMAIRE, par exprimer, avec tous les bons Français, nos vœux ardens pour le bonheur du règne paternel et vraiment libéral des BOURBONS, et qu'enfin la source de vingt-cinq ans de larmes et de sang soit à jamais fermée par leurs mains réparatrices et généreuses.

RÉFLEXIONS PRÉLIMINAIRES

DE L'AUTEUR.

JE vais entreprendre, dans un cadre fort étroit, celui d'une brochure, de découvrir entièrement, sous les yeux du public et des hommes égarés par l'esprit de parti et par l'intérêt personnel, ou encore fanatisés par la magie criminelle du *terrorisme impérial*, les odieuses menées de l'imposture, de l'astuce, des mensonges les plus absurdes comme les plus atroces, ainsi que les viles souplesses employées par le plus cruel charlatanisme, pour nous faire ramper sous L'ORDRE DU SABRE : les annales mêmes de la *terreur* ne nous offrent, dans les odieux souvenirs qui nous en restent, que de faibles essais, en comparaison ici des méditations profondes, des spéculations savantes du crime armé du pouvoir souverain.

Entouré d'hommes d'esprit, mais d'un esprit malfaisant, aidé de gens à talens, mais de talens funestes, cet autre MARAT, NAPOLÉON DERNIER, par ses infâmes machinations, était parvenu à *militariser*, ou pour mieux dire, à asservir un des plus beaux royaumes du monde : tout ne se gouvernait plus que par la baguette du tambour ;

avec cette verge de fer, comme une autre MÉDÉE, comme une autre ARMIDE, il enfantait d'un coup d'œil des milliers de satellites..... Je veux dire, comme l'exprime si profondément madame de Staël, qu'il faisait passer la fureur des combats, de la spoliation et du désordre dans tous les esprits qu'il avait ensorcelés, et soufflant les vapeurs noires de son génie destructeur dans toutes les âmes, il formait aussitôt un BUONAPARTE de l'homme le mieux né; rien ne se réglait plus qu'au son de la caisse.

Education, littérature, police, gouvernement, lycées, écoles normales, droit, sciences exactes, arts d'a. rément, ce n'était plus qu'au moyen de cet instrument bruyant que les lois impériales étaient exécutées. Je crois vraiment que bientôt la cérémonie du baptême ne se serait désormais plus faite qu'au bruit du tambour, *et au pas redoublé;* de cette manière, le nouveau né, familiarisé, en ouvrant à peine les yeux, à l'arrêt prématuré de sa mort, déjà prononcé par une législation homicide, se serait acheminé sans épouvante. vers le moment fatal de sa conscription, et aurait conséquemment moins redouté un trépas certain dont son berceau et son enfance même aurait comme savouré les apprêts..... Que ne donnait-ou des primes aux mères fécondes en enfans mâles! Ce moyen d'encouragement a manqué à la présence d'esprit de nos artisans de conscriptions ou de proscriptions, mots qui assurément peuvent

bien se considérer comme synonymes. Si de cet
état d'horreurs incalculables je passe à une classe
d'hommes tarés, immoraux et cupides, j'y vois
en eux les succès les plus brillans de la rapine,
des concussions et du vol heureux. Des *honneurs*
ne manquaient pas de couvrir d'une écorce bril-
lante leurs brigandages, semblaient les justifier,
et même les consacrer par des récompenses natio-
nales qui devaient être réservées à l'homme de
bien : le siècle de Napoléon enfin était le siècle
des fripons fortunés ; tout habile concussionnaire
idolâtre du Veau d'or était sûr de marcher d'un
pas rapide aux richesses, s'il prenait le chemin
des affaires et de l'intrigue. Eh, vraiment! qu'importait à l'égoïste agioteur, qui combinait des béné-
fices immenses sur les oscillations de la calamité
publique, que le sang coulât à flots ; que le culti-
vateur fût enlevé à sa charrue, l'artisan à son ate-
lier, le dernier enfant à sa mère, s'il prospérait
au milieu de ces désastres?... c'était, dis-je, le
siècle de l'égoïsme le plus odieux et de l'ambition
la plus folle : ici la fille oublie que son père est
mort mutilé sur un champ de bataille, et n'a fermé
sa paupière, n'a exhalé son dernier soupir, que
parmi des frimas sur une arène brûlante, ou
sous la roue meurtrière d'un caisson, ou bien encore sous les pieds d'un escadron fugitif... Qu'im-
porte effectivement à cette fille qui est *à la hauteur des circonstances* et douée d'un noble esprit

fort!... elle va hériter, elle aura *une plume de plus à son chapeau*, et un peigne de coraux ou de diamans plus riches que celui de son amie, qui n'est que la fille d'un colonel ou d'un sous-préfet. La sœur sera-t-elle plus sensible, plus humaine, dans ce temps affreux où la voix de la nature est tout-à-fait étouffée sous les spéculations du faux orgueil et des petites ambitions personnelles ?.... Oui, sans doute, si cette dernière y voit sa fortune et *son ton* y recevoir quelqu'atteinte ; mais au lieu d'une humiliante diminution de train, au contraire, si elle peut prendre, au décès de son frère, un essor plus fastueux, les larmes seront bientôt taries, surtout en voyant les apprêts, la toilette *agréablement funèbre* d'un deuil qui relève, devant une glace vingt fois consultée, l'éclat de sa blancheur.... Enfin, cette rage stupide et féroce de s'élever très-haut, *en une seule campagne*, avait tellement séché le cœur et mis les esprits en démence, que j'ai vu, tout récemment encore, une jeune femme mariée à un aide de camp exciter son époux à faire *quelque coup d'éclat*, afin d'obtenir une promotion, qu'on dût l'appeler *madame la commandante*, et qu'elle eût le droit de faire baisser les grands airs de sa cousine qui s'était unie à un lieutenant colonel. « *Expose-toi bien*, mon cher » ami, disait cette sensible Parisienne à son » époux, dans les épanchemens de sa tendresse » conjugale ; obtiens bien vite la *croix et des*

» *graines d'épinards*, et je t'aimerai à la folie.
» Oh! que j'aurais de plaisir, que je serais ravie,
» ajoutait-elle, d'humilier ma sœur aînée, dont
» le mari, à force d'intrigues et de génuflexions,
» vient d'obtenir une préfecture dans le Midi,
» pour avoir promis à *l'Empereur* qu'il s'enga-
» geait, sur son honneur et sa responsabilité, de
» faire marcher, par anticipation, toute la cons-
» cription de 1816 ; il est vrai, remarquait cette
» sotte pleine de vanité, que mon frère en serait,
» mais nous lui obtiendrions bientôt une sous-
» lieutenance dans un régiment qui est destiné à
» reconquérir les Espagnes... »

Voici quel était en résumé le babil, la fierté, le
jargonnage, la folie de certaines étourdies, insen-
sibles et inconsidérées : je n'ai cependant qu'es-
quissé très-succinctement un seul trait de nos
mœurs actuelles ; et d'ailleurs, pourrais-je m'é-
tendre davantage ? les limites que je me suis en
quelque sorte prescrites dans ce cadre sont trop
étroites pour un sujet aussi vaste que fécond ; et
c'est moins pour prétendre en dévoiler tous les
ressorts et tout le machiavélisme, que pour ouvrir
la barrière à d'illustres écrivains, que je touche
d'une main hardie, un des premiers, A LA CAUSE
SAINTE de l'Europe, qu'un tyran, un Tamerlan fu-
rieux a eu l'art meurtrier de mettre à feu et à sang
pendant dix années d'épouvante et de deuil.

Je veux toutefois employer mes efforts pour

suivre, quoique de très-loin, les traces glorieuses
d'un homme d'état, d'un homme de lettres, d'un
vrai Français enfin, je veux dire, le sensible, l'é-
loquent M. de Châteaubriand, dont la digne re-
nommée peut sans doute se passer ici de mes hommages : sa sagacité, sa pénétration aurait indubi-
tablement mieux que moi révélé à son siècle les
nouvelles horreurs dont nous venons d'être les
témoins, ou, pour mieux dire, les victimes pas-
sibles et muettes; mais à défaut de ses talens, de
ses lumières, que la droiture de mes sentimens,
l'élévation de ma cause, le nom révéré et adoré
de mon Roi, que la sainte vérité surtout fasse re-
jaillir sur mes faibles écrits quelques étincelles de
son flambeau divin, et répande sa clarté sur les
ténèbres épaisses dont une tyrannie ingénieuse
enveloppait ses infernals complots.

Je l'avoue, et non avec une modestie orgueil-
leuse d'auteur, mes forces ne sont pas au niveau
de mon sujet, et lorsque je cite M. de Châteaubriand, ce n'est pas dans l'espoir présomptueux
d'imiter la vivacité de ses saillies, le *mordant* de
ses remarques et de ses réflexions; je n'ai pas la
prétention de manier le fouet de la satire avec la
même habileté, et de faire *pâlir un tyran sous le dais*
par la force de l'ironie, la justesse des récrimina-
tions et l'énergie de ma logique; mais dans une
matière, aussi féconde que douloureuse, qui ne
peut se flatter, étant d'ailleurs doué des qualités de

la probité et de la sensibilité, d'avoir su démêler
une partie de toutes les infamies *napoléoniennes* à
travers le rideau maladroit dont un ministère assassin et entièrement dévoué, par sentiment comme
par intérêt, à l'usurpateur, prétendait grossière-
ment les couvrir !... Oui, j'en ai la pénible conviction, on peut long-temps glaner, on peut même
moissonner encore sur ce théâtre sanglant une
ample récolte d'épisodes affreux, de détails cruels,
d'accessoires odieux que la moindre sagacité sai-
-sira facilement. Ensuite M. de Châteaubriand,
fidèle à son roi, dans sa glorieuse absence de la
capitale, n'a pu connaître. qu'indirectement, et
par des correspondances toujours tardives, et
quelquefois inexactes, ce que j'ai vu et *touché au
doigt*. Nos journaux, assez souvent imposteurs, et
presque toujours alors sous la *férule d'acier* du gouvernement, ne lui auront appris que l'*inverse des
choses*; et quoique son esprit pénétrant n'aura sans
doute pas pris le change, il n'a pas cependant as-
sisté, comme moi, de près à toutes les scènes du
dernier acte de la pièce que j'appellerai ici *le grand
drame sanglant*; j'étais enfin, si je puis m'exprimer
ainsi, dans la coulisse, et ai vu les grimaces et les
contorsions de tous nos *acteurs impériaux*, de tous
nos baladins titrés et *petits tyrans subalternes de
cour* qui, pour *grand cheval de bataille*, jetaient
toujours en avant, dans leurs opérations sacriléges,
les grands mots magiques de *patrie, honneur na-*

tional, indépendance, gloire de nos armées ; et
sous ces égides sacrées, profanées par des bouches
corrompues, ne cherchaient cependant qu'à sauver leurs richesses, leur rang, leurs personnes,
de l'ignominie, de la réprobation générale, de
l'anathême lancé sur quelques-uns d'entre eux, et
enfin de la vindicte publique prononcée contre
tous.... — *Le magnanime empereur, le faux grand
homme* avait abdiqué, il est vrai ; mais son testa-
ment politique ne leur prescrivait-il pas de ne laisser respirer dans leurs délibérations que combats
et carnage ? Il ne fallait rien moins que mettre en
mouvement la moitié du peuple français pour faire
assassiner l'autre moitié ; les classes les plus ab-
jectes de la société étaient *travaillées* pour con-
courir à ce grand œuvre de démence...... ; cette
soif inextinguible de sang que le trépas de huit
millions et plus de créatures humaines n'avait pu
assouvir, se trouvait perpétuée infailliblement par
le digne *legs* d'un tyran à son fils ; et si Napoléon 1er se trouvait dans la douloureuse impuis-
sance de ne pouvoir plus présider comme *ordon-
nateur en chef aux boucheries impériales*, Napoléon II, en digne émule, tenant en main la bannière
des massacres, étendait encore plus, à la faveur
de l'anarchie, le crêpe mortel jeté sur toute l'Europe.....

Une régence composée d'élémens *napoléoniens*
était là toute prête pour éterniser nos malheurs et

donner au *jeune prince* les leçons d'un machiavélisme destructeur, ou plutôt, régnant en despote
sous le voile de ce fantôme impérial, elle prétendait asseoir les bases nouvelles de cette seconde
usurpation, assurer l'impunité aux factieux, le prix
de la trahison aux traîtres, légitimer les spoliations,
et consolider une fausse représentation nationale
souillant les autels de la législation de sa criminelle
impudence....

Sera-ce donc, grand Dieu ! *la dernière goutte de
sang* versée pour un aussi odieux système ? Buonaparte, ce second Mahomet entouré de tant de
Séides fanatiques, aura-t-il souillé les marches du
trône des lis pour la dernière fois, et l'île de Sainte-
Hélène enfin sera-t-elle le dernier antre où sa fureur
enchaînée ne tentera plus que des efforts impuissans ?... Le bonheur, le repos du monde entier nous
l'assure du moins, si la cruelle expérience que nous
venons de faire d'un attentat unique dans les annales
de l'audace, ne nous inspirait encore la secrète
crainte du retour d'un homme qui ne respire que
pour le malheur des ses semblables, et dont les conceptions malfaisantes, mues par le plus infernal sys-
tême de *matérialisme*, ont prouvé pendant vingt ans
que cet autre *Desade* (1), dans ses sophismes affreux,
n'a jamais considéré l'homme que comme une *vile*

(1) Auteur d'un livre trop célèbre.

denrée, une argile docile faite pour recevoir servile-
ment toutes les formes qu'il plairait à une main hardie de lui donner, et ensuite en rejeter les débris
avec dédain dans le grand creuset dont il l'aurait
tirée.... Habile à s'entourer des *crimes encore vi-*
vans de notre révolution, il composa sa cour et ses
courtisans des débris du jacobinisme, et ne ren-
versa les échafauds de Marat que pour y substi-
tuer les fusillades clandestines de Vincennes. Son
orgueil en démence, comme celui d'un autre
Charles XII, va-t-il *chercher* pour ses armées la
mort des martyrs dans les régions hyperborées ?
des *Thuriféraires*, aussi infâmes que cupides, lui
prouvent à *plat ventre* qu'il n'a cédé qu'au climat
une victoire que sa gloire désavoue ; et pour le
consoler du déplaisir passager que ce léger *contre-*
temps (la perte de quatre cent mille hommes) a pu
causer à ses esprits, une fatalité damnable, qui fit
avorter la plus sainte des conspirations, met aussitôt
aux pieds du tyran une coupe remplie du sang des
Mallets....... — Ce sacrifice d'un héros flatte
l'odorat du monstre, et s'il conçoit quelque dépit
d'apprendre que son ministère de police a été
tellement en défaut, il se calme à la vue d'une
certaine quantité de victimes fusillées, mutilées,
dont les cadavres fumans assurent encore une
fois son triomphe.... — Mais non, je m'abuse ;
sa rage n'est pas satisfaite ; il interroge, il ques-

tionne ; il apprend avec douleur qu'on a précipité les exécutions , et que par cette précipitation inconsidérée on a facilité l'évasion de quelques Mucius Scœvolas , et empêché de découvrir la noble trame d'autres illustres conspirateurs dont la tête aurait tombée avec celle de l'immortel Mallet...... Alors quel soudain dépit s'empare de l'esprit de l'usurpateur !.... Quelques gouttes de sang ont été épargnées , sauvées..... jugez de son cuisant chagrin !...... O Mallet ! que ton ombre immortelle et vengeresse plane sur les rochers de Sainte-Hélène et remplisse de terreur l'âme de ton odieux oppresseur !...... Va , comme Corday , tu vivras dans la plus longue postérité. Puisque tu as succombé dans tes généreux complots , que ton ombre du moins apparaisse sans cesse devant ton bourreau ; trouble son sommeil par des images épouvantables , et attache le remords au cœur de cet assassin !......

Mais cessons de me livrer à la fougue irréfléchie de ma propre indignation ; atteignons le but que je me suis proposé , et mettons enfin , s'il se peut , de la méthode , de l'ordre , en cherchant cependant à peindre des scènes de trahison , de carnage , de confusion et de désordres.

La marche que je me suis prescrite est de diviser en sorte de chapitres toutes les observations que mon faible jugement m'a permis de faire dans le cours des événemens extraordinaires qui vien-

nent de se passer, et de montrér *le faux héros*
dans tout son horrible jour. Je vais donc faire succéder à ces réflexions générales et préliminaires
les premiers faits que le chapitre suivant présentera
à mes lecteurs.

LE TRIOMPHE
DES ROYALISTES,
ET
DE LA CAUSE SAINTE,
OU
LA CHUTE DU TYRAN.

~~~~~~~~~~~~~~~~~~~~~~

CHAPITRE PREMIER.

Intrigues du cabinet de l'île d'Elbe; évasion de Buo-
naparte de cette île. — Son débarquement à Fréjus.
— Ses manœuvres sur les côtes du département du
Var, et son arrivée à Lyon.

Les plus grands apologistes des crimes et
des sottises de Buonaparte, ainsi que ses plus
fanatiques admirateurs, pour peu qu'ils vou-
lussent détacher un moment le bandeau épais
qui couvre leurs yeux, ne pourraient discon-
venir qu'il n'y eût jamais, dans le complot
ourdi par Napoléon, ce degré d'habileté, de
hardiesse et de génie dont ils affectent de re-
vêtir avec enthousiasme le dernier acte d'usurpation de leur Cromwel : en effet, quel excès

de finesse!..... et où est donc ici le mérite de
la difficulté vaincue ?..... Buonaparte exilé à
l'île d'Elbe, feignant une résignation et un
calme qui n'approchèrent jamais de son cœur
forcené, paraît se soumettre aux ordres du
destin. Fataliste, comme il a affecté quelquefois de l'être, il attribua, dit-on, à une pré-
destinée invincible une catastrophe que toute
la prudence humaine n'aurait su éviter ; mais
sous ce masque il inspire quelque confiance
à ses généreux surveillans ; les adule, se lie
avec eux, trame à la fois le plus odieux comme
le plus chanceux des attentats, et enfin parvient
à violer une seconde fois le sanctuaire du trône
de Saint-Louis, précédé de son digne cortége accoutumé, la ruse, la force, la trahison, la violence, l'astuce la plus perfide, l'hy-
pocrisie, et enfin la complicité de tous ses
partisans..... Est-ce donc là du génie ?..... est-
ce donc là du talent ?...... Les hautes puissances
lui ayant accordé, par un sentiment de ma-
gnanimité qui accompagna toujours l'expression de leurs décisions, une trop grande
extension de liberté, voulant sans doute
lui donner une preuve éclatante qu'elles sa-
vaient agir en ennemies généreuses, et con-
naissaient ce qu'elles devaient de pitié, *non au*

courage malheureux, mais à une ambition chimérique et désormais impuissante, lui firent l'honneur de penser qu'elles lui supposaient un reste, *non de conscience,* mais de pudeur, et n'imaginèrent pas qu'un traité, des clauses fort avantageuses pour le *détrôné,* acceptées par l'Europe et lui-même, seraient indignement violés à la face de cette même Europe, au mépris de tous les actes de clémence dont il avait été comblé.....

Buonaparte n'eut donc aucun mérite, si ce n'est celui d'une infâme perfidie, à faire un monstrueux abus de la noble liberté dont les commissaires étrangers le laissèrent imprudemment jouir dans le port de Ferrajo. Si au contraire il avait connu tous les prestiges, tout le fanatisme qu'inspire le point d'honneur à la nation anglaise, esclave de sa parole et de sa signature, il n'aurait pas rompu, plein de la religion des sermens, la plus fragile des barrières...... — Un ruban seul, posé aux limites qu'il était convenu de ne jamais franchir, aurait dû suffire à un homme plein d'honneur. Mais ici quelle énorme différence avec celui pour qui les lois divines et humaines ne furent jamais considérées, dans sa politique paradoxale, que comme de puériles préjugés ! ....

C'était donc le comble de la folie, de la démence, de s'attendre à le voir respecter un seul instant les lois inviolables des traités.......: à peine si un mur d'airain lui eût paru un obstacle difficile à vaincre; à peine, dis-je, si le serment redoutable sur l'Evangile lui eût semblé de quelque considération!...... Comment a-t-on donc eu la généreuse faiblesse de traiter comme un autre homme, celui qui n'a jamais rien eu de commun avec l'*huma-nité*?

J'ai dit plus haut que je ne reconnaissais aucune profondeur, aucun mérite d'invention dans sa seconde *échaffourée*, et je le prouverai. Lors de son exil, tous les ministères, toutes les autorités premières, ou en second ordre, tant civiles que militaires, étaient, pour la plupart, composées d'*élémens napoléoniens*, et un grand nombre de personnages, encore en place, idolâtres, par intérêt personnel, de leur *pagode renversée*, ne laissaient pas que de préparer le terrain, de disposer le théâtre de la trahison, d'entretenir partout les espérances criminelles de son criminel retour; sa majesté Louis xviii, confiante dans l'honneur militaire, et prêtant à des hommes familiers avec la *banalité du serment*, la force

de superstition et d'inviolabilité qu'elle y
attache elle-même; supposant à des ma-
gistrats, à des hommes titrés, une partie des
qualités éminentes qui ornent son esprit, et
des vertus qui distinguent sa grande âme, sa
majesté, dis-je, ne leur fit pas la honte de
craindre un moment que ces mêmes hommes
se jouassent de la sainteté des sermens, que
leur soumission ne fût qu'une imposture, et
que leur bouche ne prodiguât les protesta-
tions de fidélité, que pour se ménager des
intelligences plus commodes près de sa personne, et ramener ainsi plus facilement un
chef de parjures.....

Ainsi, non seulement dans le cabinet secret
des ministères, mais même près du trône, la
trahison avait placé mystérieusement le siége
de ses perfides combinaisons; et la main même
qui devait s'armer pour secourir la tige des
lis attaqués, tourna contre son auguste et
généreux souverain, coutre les princes d'une
famille adorée, des armes parricides.....

Quelques agens cauteleux faisaient le service impérial d'une correspondance aussi
malfaisante qu'assurée, sous le manteau com-
mode du service royal.... Sait-il du ma-
niement des troupes enfin? On avait pru-

demment placé sur toute la ligne que devait parcourir Buonaparte, des garnisons qui lui étaient vouées: et d'ailleurs, soudoyées et endoctrinées par les chefs, elles ne pouvaient manquer d'épouser avec ardeur un plan qui flattait l'ambition des uns, et l'esprit de vengeance des autres. — Ainsi, par tous ces artifices, par tous ces préparatifs faciles à organiser sous le rapport dés choses comme des personnes, on aplanissait l'itinéraire tracé pour un audacieux imprudent, on lui ouvrait le vaste champ d'une liberté, où, pour mieux dire, d'une licence, dont il n'avait pas froidement médité et prévu les effets et l'infaillible issue; libre de ses chaînes, il ravagea de nouveau, il détruisit sans cesse, et prouva à l'Europe que le silence de la captivité, si profitable pour un cœur susceptible de repentir, n'était pour le sien que l'occasion calme de méditer de nouveaux crimes.....

C'est ici que chacun de ses illustres complices, à son retour de l'île d'Elbe, s'était acquis le droit de lui dire, comme Antoine à César:

« J'ai préparé la chaîne où tu mets les citoyens,
» Content d'être sous toi le second des humains,
» Plus fier de t'attacher ce nouveau diadème,
» Plus grand de te servir, que de régner moi-même...»

Sa fureur enfantine pour les monumens qui consacraient les époques de ses caravanes meurtrières, du nord au midi, n'aurait pas besoin de fonder ici des obélisques, des colonnes trajanes, des trophées d'airain, pour immortaliser ses derniers faits militaires..... L'épouvante et la destruction de deux cent mille hommes dont il vient de joncher les champs belges, seront, pour son odieuse immortalité, un Louvre qui éternisera ses derniers actes de fureur....... — Mais n'anticipons pas sur les événemens, conduisons à Lyon cet énergumène, et jouissons de ses mortelles inquiétudes sur l'issue d'un plan qui le mettait à chaque instant à deux doigts de sa perte..... — A peine parvenu dans cette belle capitale de vrais royalistes, il ne songea pas à se concilier la classe riche des fabricans, des propriétaires aisés; au contraire, comme Robespierre, il voulut se mettre à dos les honnêtes hommes, il flatta l'esprit de pillage et de révolution des classes les plus viles de la société, pour se les concilier: moralement convaincu que l'honnête homme, l'homme animé d'un bon esprit, partisan de l'ordre et du bonheur général, ne pouvait être ni sa dupe ni son prosélyte, il descendit au petit peuple, et s'ap-

pliqua ainsi lui-même ce reproche qu'il eut
un jour l'impudence de faire à la mémoire de
Henri IV, en l'appelant *le roi de la canaille*.
Les proclamations, ne manquèrent pas de le
précéder et de l'accompagner sur ce premier
théâtre de son entreprise; car, comme un ba-
teleur de places, ou un marchand de vulné-
raire suisse, qui parcourt à cheval les carre-
fours publics, et muni de grandes sacoches,
offre, avec un certain argotage de charlatan,
des drogues au public; de même Buonaparte
prodigua partout, et dans tous ses triomphes
de hasard, le style prophétique, sentencieux,
et, charlatan, il affecta, comme un autre
Mahomet, de lire dans l'avenir; ainsi qu'A-
lexandre, peut-être, il eût fini par se faire
encenser comme une divinité, lui qui mérite
le mépris et l'exécration du dernier des mortels.......

Je viens d'appeler ses conquêtes, *des
triomphes de hasard;* mais je n'applique cette
expression et cette métaphore qu'à ses conceptions hasardeuses et peu mûres : Dieu me
garde de vouloir ici envelopper, dans ce reproche, les exploits glorieux d'une armée qui
sut vaincre souvent sans lui, et possesseur tout
entière de ses propres lauriers, voulut bien

quelquefois les partager avec un homme qui
n'eut d'autre mérite que de faire couler à
flots et sans économie le sang précieux des
braves...

Buonaparte connaissait tellement la magie
des mots emphatiques sur l'esprit du vulgaire,
que, dans ses plus grands revers, il les employa
quelquefois avec succès. S'agit-il d'une bataille d'usurpation, d'iniquité et d'injustice, où
la vie de cinquante mille hommes doit être
sacrifiée aux cruelles passions d'un seul?....
Aussitôt une expression prophétique, et comme
maîtresse du sort des combats, en donne le
signal : *C'est le soleil d'Austerlitz !...* Tous ces
impromptus de grand homme *faits à loisir*,
toutes ces réponses brèves, et qui renferment
beaucoup de sens en peu de mots, on voit
qu'elles sont *travaillées*, et mûrement réflé-
chies ; elles se ressentent de l'alambic sinueux
et entortillé par lequel *le héros du siècle* les a
fait passer avant de les prononcer d'un ton
dictatique : enfin personne mieux que lui n'a
connu les effets certains d'un charlatanisme un
peu étudié sur l'esprit des hommes. Il en combinait tous les ressorts ; et du vulgaire jusqu'aux
souverains avec lesquels il a traité, il a souvent affecté d'employer ce *jargonnage* impo-

sant et qui ne laisse pas que d'intimider un
moment les sots, surtout lorsque quelques
succès éphémères le précèdent (1). Combien
le Corse devait être peu grand homme pour
son valet de chambre oú ses sécretaires parti-
culiers !... Que de *petitesses* ils devaient apercevoir dans ce pygmée, surtout lorsque ce
plaisant maître du monde se livrait à des *voies
de fait*, et frappait les principaux appuis du
trône de son usurpation ! Car le public ne
l'ignore pas, plus d'un personnage marquant
a été la victime des violences les plus indignes,
et le beau sexe n'a pas été plus épargné par
ses brutales mains.... Voilà donc, au moral,
le dieu du jour ; voilà donc le digne objet des
admirations *d'un quart de siècle;* si je l'exa-
mine sous le rapport du physique, je suis loin
d'apercevoir que la nature aurait été moins
marâtre à son égard : *Buonaparte magnus,*

---

(1) A Dresde, il répond à un parlementaire :

« *La famille de Saxe aura cessé de régner si elle
» ne dépose les armes.* »

A Madrid, c'est une autre fanfaronnade :

« *Là dynastie des Napoléon a régné et régnera
» sur les Espagnes et les Indes.* » Encore !.... Quel
excès de *Don-Guichoterie* et d'impudeur !

corpore parvus erat; un teint huileux, des traits
de conspirateur, et une dureté d'expression
qui ne pouvait jamais lui concilier,les cœurs ;
une imagination creuse, *fouettée* continuelle-
ment par des aromates violens ; du charlatanisme jusque dans le choix de la forme d'un
chapeau, de la couleur d'une redingote ; point
de qualités privées, point d'enjouement, point
d'amabilité ; mais toujours sur le front l'em-
preinte d'un projet sinistre, et le plan profondément médité de rompre quelque *digue de
sang* qu'un coin de l'Europe aurait su dérober
à ses vastes dévastations.... Sagit-il d'un prince
chéri de toute la terre, arraché subitement
sur un sol étranger contre tous les droits des
gens et des nations ?... *Qu'on le fusille sans
désemparer :* mais une épouse chérie aux
Français par le souvenir de ses vertus (Jose-
phine), une famille entière éplorée, pros-
ternée à ses genoux, veut, malgré lui, le dé-
livrer du poids de ce dernier crime... — *Inflexible, vous dis-je, qu'on le fusille :* son
cœur atroce, inaccessible à la prière, aux
larmes, fait percer de balles le cœur le plus
noble, et ose teindre la tige des lis du sang le
plus pur des Bourbons..... de celui du duc
d'Enghien !.... O crime abominable !.... et que

mes sens sont troublés, épouvantés en le re-
traçant!....

C'est ici que Buonaparte pourrait bien
s'appliquer, en la parodiant, cette tirade de
Brutus :

« Qu'à l'Univers surpris cette infâme action
» Soit un objet d'horreur et d'exécration ;
» Toujours indépendant et toujours assassin,
» Ma vengeance me suffit, tout le reste n'est rien...»

Pour clore ce sanglant chapitre, je termi-
nerai par dire un mot et faire quelques réflexions supplémentaires relatives à son système de PROCLAMATIONS. On n'ignore pas
celles d'Egypte et l'histoire lamentable des
pestiférés *de Jaffa*, qu'un pinceau imposteur
transforma, défigura sous les traits d'une action
héroïque : on sait également que des *proclamations* imprimées à l'avance, et datées même du
château d'Acken, près Bruxelles, promettaient
aux Belges, comme il l'avait fait aux Saxons,
le bonheur sous les auspices du ravage, de
l'incendie, du vol et du viol.... Moi, j'ai été
témoin, à Troyes, de la fusillade expéditive
d'un généreux et loyal chevalier de saint
Louis?...*Une proclamation* philanthropique du
grand homme avait précédé cet acte immédiat

d'esprit fort et de philosophie..... — Il est temps de fermer la galerie de tous ces tableaux déchirans , et de faire reposer l'esprit de mes lecteurs sur des images riantes, telles que celles des Bourbons , de nos SOUVERAINS LÉGITIMES , et des vrais et illustres royalistes qui leur sont restés fidèles : cependant, malgré la douleur que je viens d'éprouver moi-même, en trempant mes pinceaux dans des couleurs aussi sombres , je suis encore dans la nécessité de m'étendre sur quelques circonstances pénibles qui tiennent essentiellement au PRÉCIS HISTORIQUE que je me suis proposé de faire, et que le chapitre qui suit va offrir de suite.

CHAPITRE II.

Entrée de Buonaparte dans Paris. — Départ du Roi
et des princes. — Impostures. — Trève prétendue
de vingt ans dans sa poche.— Arrangemens supposés
avec la maison d'Autriche. — Nouveau traité avec
Murat. — Promesses fallacieuses de l'arrivée de
S. A. I. l'archiduchesse Marie-Louise.

Quel jour de tristesse et de deuil général
que celui du départ du roi, de nos princes,
de l'arrivée de l'usurpateur dans la capitale !.....
Ses plus chauds adulateurs ne purent cependant le persuader de *l'amour sincère* des Pa-
risiens, de *l'enthousiasme général* qui régnait
à Paris ; il n'y voyait pas, comme sur tout son
passage de Grenoble jusqu'ici, deux haies de
baïonnettes *officieuses*, sous les auspices des-
quelles le peuple français *tout entier* criait
vive l'empereur ! La population immense de
Paris ne laissait pas de l'effrayer secrètement ;
et connaissant mieux que personne son véritable esprit, presque tout entier royaliste, il
n'osa courir la chance d'être *hué et conspué
de jour* dans le sein même *de sa bonne ville ;*
il agit donc avec beaucoup de prudence, en

s'installant *de nuit, sous l'ordre tutélaire du sabre*, dans le palais des Tuileries : deux haies de cavalerie traçaient étroitement le passage qui lui était réservé pour arriver au grand vestibule; et d'honneur, ce sinistre cortége, cet appareil militaire et formidable, qui donnait une idée *du vœu général* de la nation, ressemblait plus à une *exécution aux flambeaux*, qu'au retour d'un souverain dans sa résidence. Nous fûmes aussitôt à Paris sous le règne de *la terreur;* le cri séditieux de *vive l'empereur!* annonçait hautement d'une voix sinistre que l'oppression et la mort étaient réservées aux royalistes fidèles qui rejeteraient ce ralliement odieux de conjurés : le silence même était coupable, et un *buonapartiste* outré et féroce lisait dans vos yeux la réticence secrète, le sentiment indestructible qui vous portait avec ardeur vers votre roi, et vous faisait envisager avec horreur tous les instrumens, tous les agens de tyrannie, d'usurpation et de perfidie qui avaient éloigné votre véritable prince de la capitale..... Nombre de victimes furent immolées à la vengeance de la faction, pour quelques momens triomphante : on craignait, on tremblait, surtout les femmes, du voisinage d'un portier, d'un

domestique, d'un artisan *napoléoniste*...... —
Comme sous Danton, sous Saint-Just, sous
Robespierre, on dissimulait à la fois sa douleur et sa rage ; et convaincu que l'on ne dé-
ploierait qu'un courage inutile et imprudent,
l'on espérait avec raison que Dieu, irrité de
tant d'audace, frapperait les méchans et nous
délivrerait de leur horrible présence, pour y
faire succéder les images de la paix et du
bonheur, telles que celles de Louis xviii, de la
duchesse d'Angoulême et de tous nos princes
chéris.

Mais ce premier coup de témérité, de la
part de Buonaparte, n'était rien ; ce n'était,
dis-je, que le prélude de tout ce qu'il fallait
encore entreprendre pour consolider le titre
d'une fausse propriété, envahie *à force armée*,
et peu facile à conserver sous le désaveu de
l'opinion publique, qui était diamétralement
contraire à ce premier excès. Que fit donc
Buonaparte, pour calmer les esprits et flatter
même ses plus ardens sectateurs, dont il ne
laissait pas de craindre les réflexions tardives ?..... Il affecta de faire répandre le bruit
« qu'il avait *une trève de vingt ans dans sa*
» *poche ; que des arrangemens secrets avec*
» *la maison d'Autriche, avec l'ex-roi Murat,*

» avaient été habilement négociés ; et qu'en-
» fin l'archiduchesse Marie-Louise, appuyée
» de la garde impériale autrichienne, vien-
» drait sanctionner, par son prompt retour,
» son attentat inouï de lèse-nation, de lèse-
» majesté. » Mais ce fut vainement qu'on
chercha à éblouir les esprits les plus préve-
nus par ces promesses fallacieuses :

La Noirceur masque en vain les poisons qu'elle verse ;
Tout se sait tôt ou tard, et la vérité perce.

Beaucoup finirent, comme tous les gens rai-
sonnables, par rejeter l'absurdité de mensonges qui ne se vérifiaient que trop à la honte
de celui qui les avait fabriqués : surtout la
fable de l'arrivée de l'archiduchesse donna
sujet au public de se venger, par des plai-
santeries, par des diatribes, de l'imposteur
qui avait mis cette illustre princesse en avant,
tandis qu'elle et sa cour repoussaient tout ce
qui se revêtissait des formes du complot et
de la trahison. — Ce sujet me conduisant naturellement aux *échafaudages du Champ-de-
Mai*, je m'arrêterai ici pour en composer le
fond de mon troisième chapitre.

CHAPITRE III.

Fête nationale : feu d'artifice. — Champ-de-Mai,
et Vendée.

« La main des dieux, si long-temps suspendue,
» Semble ôter le bandeau qu'ils mettaient *sur sa vue....* »

Buonaparte désespérant, par les malheu-
reuses épreuves qu'il avait tentées à l'étranger,
d'entraîner l'Autriche dans son parti extra-
vagant, et de diviser la coalition formidable
qu'il savait se reformer de nouveau *contre lui
seul;* voyant que tout l'art de sa politique et
de sa diplomatie ne séduirait pas des princes
qui avaient été trop de fois victimes de ses promesses séduisantes et mensongères, renonçant
au projet chimérique d'incendier, de *révolu-
tionner* la Pologne, la Suède, la Saxe, l'Italie,
sous les efforts de quelques factieux et de son
beau-frère, Napoléon se convainquit qu'il
fallait se réduire aux ressources immenses que
lui présentait encore la France sous le double
rapport de sa *population masculine* et de ses
richesses territoriales ; flatté du souvenir qu'elle
avait su résister et même vaincre l'Europe coa-

lisée, dans le principe de ses révolutions, il
conçut l'idée de réchauffer tous les élémens
incendiaires de ces mêmes révolutions, et
montrant lui-même sur sa tête l'assemblage
grotesque du *bonnet rouge* avec la couronne
impériale, présentant à ses peuples *la pique
des jacobins* en faisceau, avec *la hache des lic-
teurs et le sabre d'un hussard*, il espéra, sous
l'influence de ces nouveaux talismans, et des
torches réchauffées de nos anciennes séditions,
récréer un parti puissant, capable de grands
crimes et de grands efforts....

Que lui importait, en effet, sous quelles ban-
nières coulât le sang des Français, pourvu
qu'il fût versé *pour lui*, pour *les siens*, pour son
infâme et exclusif égoïsme, pour sa plaisante
dynastie *ajacacienne*, pour le maintien de sa
seconde incursion sur notre sol!... D'ailleurs,
les premiers acteurs, les premiers artisans de
nos guillotinades, de nos malheurs révolution-
naires étaient encore *là près de lui* pour
jeter de l'huile sur les flammes, mettre la *fra-
ternité et la mort* à l'ordre du jour et faire
soulever des millions de citoyens prêts à se
faire égorger aveuglément pour une poignée
de conspirateurs. La pensée de notre *Robespierre à cheval* (comme on l'a déjà dit fort

ingénieusement) n'était donc pas tout-à-fait
dénuée de quelque fondement. Pour parvenir
à son but, il parut d'abord se complaire à se
populariser ; il institua sourdement des noyaux
de fédérations, envoya des *représentans du
peuple*, des commissaires impériaux dans tous
les points de la France, et au moyen de son
or corrupteur, il multiplia les forces d'opinion de son système et de son parti. Des
adresses menteuses firent connaître aussitôt
le dévouement général *à la personne sacrée*
de l'empereur ; et des prôneurs enchaînés par
la présence de la soldatesque, *les mains liées
et un bâillon à la bouche*, venaient déposer
aux pieds du trône l'expression *de leur enthousiasme*, de leur ancien amour pour l'*éga-
lité* et la *liberté*, dont un *souverain - geolier*
venait, d'un style patriotique, réveiller en eux
le souvenir glorieux..... De cette conduite de
saltimbanque cruel, il passa à une autre invention plus burlesque ; il imagina de puiser
dans l'antiquité romaine l'idée de ces grandes
ressources dans lesquelles la patrie en danger
trouve quelquefois son salut : ce fut l'*échafau-
dage du Champ-de-Mai*, où notre histrion aux
abois, monté sur des tréteaux de boulevards,
réunit à grands frais à peine le *sixième terro-*

rifié ou vendu de la représentation nationale,
et sous cette *majorité absolue* força, le sabre à la
main, le peuple français d'accepter, sous les
auspices de la liberté, un acte additionnel de
tyrannie et de despotisme ; les plus chauds *impérialistes* même murmurèrent de cet excès
d'audace, et trouvèrent à la fois monstrueux et
plaisant, que le *déchu*, à peine remonté sur les
quatre étais d'un trône chancelant, y osât
parler du ton des Césars après la bataille
de Pharsale. Dans le jeu de cette *farce*, au
Champ-de-Mars, les sermens furent prodigués,
exigés même, et tous portaient pour condition
expresse « *qu'on devait mourir, qu'on devait*
» *verser tout son sang pour lui* », pour le soutenir sur l'espèce de *mât de cocagne* où il s'était imprudemment cramponné : la garde nationale voulait cependant éluder le redoutable
serment et la fatale condition *sine quâ non;*
mais un berceau de sabres, ainsi que des chevaux de frise hérissés de baïonnettes, arrachèrent bientôt ce sentiment *spontané* et *libre*, et
notre *empereur-jacobin-républicain*, charmé
d'un vœu général *si librement exprimé*, proclama dans tout son empire qu'il en était l'idole, et que tout un peuple l'attachait à un
trône qu'il ne conservait que pour son bon-

3

heur: de là découla naturellement pour lui
la nécessité d'employer tous les efforts, tous
les bras, pour défendre en sa simple qualité
de général une nation *libre et indépendante*,
qui ne pouvait plus vivre sans lui, qui *gémissait*
lors de son exil à l'île d'Elbe ; exil *funeste* qui
fut la cause de l'interruption douloureuse des
massacres, et pendant laquelle le *philanthrope
empereur* ne put dépenser son *revenu annuel de
trois cent mille hommes....* Mais avant de courir creuser de nouvelles tombes, il était né-
cessaire de nous jeter, comme on dit, de la
poudre aux yeux ; un feu d'artifice, plus
bruyant que beau, fut donc tiré sur la place
Louis xv. Un vaisseau à trois mâts, atta-
qué de toutes parts, et sous ce dernier rapport offrant la situation allégorique de la
France, triomphait, *lumineux*, de ses ennemis : l'auteur de ce dessin ne s'est effectivement pas trompé dans le temps, en présentant
cet emblême, car la France depuis, pour toujours purgée de la présence des brigands et du
brigand qui la déchiraient, a vraiment triom-
phé de ses véritables ennemis ; c'est sans doute
l'idée anticipée de l'auteur-machiniste.

Pendant qu'on employait ces moyens usés
de tromper le peuple sur les plaies profondes

que le *cancer napoléonien* faisait au cœur de
la France; pendant, dis-je, que l'*enthousiasme
était au comble*, que les corps francs, que
les fédérations bretonne, champenoise et al-
sacienne enfantaient des légions et des armées
dans le genre de celles que Don-Guichotte
voyait liguées contre sa dulcinée du Toboso,
une vendée vigoureuse et animée du meilleur
esprit, c'est-à-dire royaliste, rejetait les fausses
terreurs, ne tuait pas un temps précieux eu
un vain dépit, en d'inutiles ressentimens de
pure conversation, elle agissait, se battait et
triomphoit. Que la vertu du courage et de
l'opinion est grande quand il s'agit de défendre son véritable souverain!!!.... Aussi notre
héros, notre *roi d'un terme*, fut obligé de
détacher l'élite de ses troupes, pour arrêter
les progrès d'une guerre civile qui venait
d'éclater au sein d'un peuple qui, la veille
(du moins sur les tréteaux du Champ-de-Mai),
présentait un ensemble d'opinion parfait et ne
poussait qu'un cri, celui de *vive l'empereur!*
Mais laissons quelques momens ce grand tableau pour passer à quelques épisodes dignes
de la curiosité publique.

CHAPITRE IV.

Revues passées au Carrousel. — Buste du *grand homme* promené dans Paris. — Conscription de 1815; militaires pensionnés et retraités appelés ou plutôt forcés de marcher, etc. etc.

Malgré que je paraisse avoir rompu mon dernier chapitre, je ne laisserai pas ici d'en faire une continuation exacte dans ce quatrième-ci : j'ai voulu seulement donner à mes lecteurs l'éveil sur les objets nouveaux que je me propose de traiter maintenant et qui sont détaillés dans mon texte.

Reprenons. Il fut donc extrèmement bizarre, pour les observateurs judicieux et attentifs aux menées et aux opérations *martelées* et *louches* de Buonaparte, de le voir envoyer une partie de sa *jeune garde* et même de la *vieille* vers des points où l'*amour prétendu des peuples* pour sa personne était annoncé pompeusement dans tous les rapports des ministres et des fonctionnaires publics. Pendant que tout l'Ouest déclarait cette première scission, le Midi, constant dans son attachement à son roi, loin de rester en arrière dans une aussi

belle cause, y participait, secondait les efforts
de S. A. le duc d'Angoulême; et le courage et
les talens de cet illustre prince, s'ils n'obtinrent
pas une victoire complète, ils lui firent acqué-
rir du moins la conviction qu'à Bordeaux,
comme à Paris, son nom et sa personne étaient
également adorés, et que l'esprit public y était
tout entier pour le trône des lis : à cet égard
madame la duchesse d'Angoulême, digne fille
de Louis XVI, chercha, en amazone intrépide,
à ramener dans cette même ville de Bordeaux
des troupes égarées par la séduction et corrompues par les agens de Buonaparte : si alors,
SON ALTESSE ne fut pas assez heureuse pour entraîner dans son parti des soldats qui mécon-
nurent la sainteté, la justice de sa cause, et surtout l'élévation de son âme et l'éminence de ses
qualités, la postérité n'en saura pas moins appré-
cier à sa haute valeur l'héroïsme de ses efforts,
et les autres villes de la France ne peuvent
qu'être jalouses de n'avoir pu être les témoins
d'un courage aussi noble dans son sexe......

Tandis que tant de scènes glorieuses com-
mandaient l'admiration dans toutes les parties
de la conduite de nos véritables princes, *le
prince des charlatans* continuait de passer des
revues sur la place du Carrousel; il contem-

plait avec délices la quantité de victimes qui
paraissaient s'offrir de nouveau, et comme
d'elles-mêmes, en holocaustes à ses autels im-
pies et destructeurs..... — On n'osoit, il est
vrai, dans ses ministères, prononcer le mot
abhorré de conscription ; mais des instruc-
tions assassines, envoyées sourdement aux pré-
fectures, n'en enlevaient pas moins le dernier
fils à sa mère, le dernier frère à la sœur ; les
militaires retraités et couverts d'honorables
cicatrices ne se trouvaient pas à l'abri de cette
proscription ; un membre de moins n'était
qu'un *faible* motif de réclamation ; et le *Mi-
notaure corse* était comme affligé et jaloux de
voir un homme *tout entier* dans ses prétendus
états..... — Personne n'ignore ce propos cruel
qu'il tint à un regiment d'infanterie légère qui
se plaignait de ses fatigues : « Pour donner de
» véritables preuves de services, dit-il, un
» régiment d'infanterie légère *doit être usé*
» *jusqu'aux genoux...* » C'est ainsi que le genre
humain était avili par un des plus vils de ses
semblables ! C'est ainsi que le sang français,
mis à l'encan par un gouvernement parricide,
insatiable de richesses et courbé sous le poids
de ses bassesses vis-à-vis du *tigre elbois*, avait
creusé, des rives de la Seine jusqu'à celles

de la Vistule, du Tage et du Tibre, un fleuve
de sang, et maintenait son odieuse prospérité
dans cette épouvantable source : en qualité
des premiers *équilibristes*, des premiers *gé-
nufléchisseurs* de l'Europe, ces *pères de la
patrie* ne pouvaient manquer de plaire au tyran,
au singe-tigre, en régularisant, en *moissons
périodiques*, la génération française et celle de
nos infortunés alliés, chez lesquels l'art meurtrier du système conscriptionnaire étendit
partout ses ramifications homicides.

✦ On ne peut que sourire de pitié en se rap-
pelant avec quelle emphase le caméléon perfide annonça plusieurs fois ses entrées orgueil-
leuses dans les capitales de l'Europe.

Il ne manquait pas de choisir des anniver-
saires; fidèle à son système constant d'employer toujours de ces petits moyens de comé-
dien, qui, ayant une apparence de merveilleux
et se revêtissant de prestiges et d'illusions, ne
manquent jamais leur effet sur le vulgaire :
une fatalité détestable a trop long-temps voulu
que ces odieuses prophéties se réalisassent souvent, et rappelassent à la mémoire le jour
d'une bataille sanglante, par celui d'une bataille plus sanglante encore...... Mais quel dépit
se sera emparé de ses esprits, quand une fois

et pour toujours trompé dans ses funestes prédictions, il manque vis-à-vis même de ses plus aveugles admirateurs tous ses tours d'*escamotage*; quand il voit que la fortune capricieuse des armes l'abandonne à ses véritables moyens, c'est-à-dire à des facultés extraordinaires, mais non à de véritables talens. Quel déplaisir, par exemple, d'annoncer dernièrement son entrée dans Bruxelles, et de se voir de suite honteusement contraint de tourner le gouvernail de son vaisseau, battu par la tempête, vers le rocher de l'île de Sainte-Hélène!.... Quelle ignominie d'annoncer pompeusement à Wilna, que « *la Russie est entraînée à sa perte par un fatal destin......* », et d'y laisser, lui fugitif, sous les neiges, une armée couverte de lauriers!..... Voilà à quoi aboutissent toujours les entreprises gigantesques, les rodomontades d'un *prévôt de salle.....* à l'humiliation qu'il a cherchée, à la punition qu'il mérite.....

CHAPITRE V.

Départ du *grand homme* pour l'armée. — Quelques
particularités de son séjour à l'Elysée-Bourbon. —
Esprit public. — Fédérations et fédérés. — Buttes
Montmartre et Saint-Chaumont. — Dames de la
halle; charbonniers; de leurs plaques, etc.

Après avoir cru une seconde fois enchaîner
les destins des combats, avoir repeuplé ses
corps d'armée, s'être fait précéder de sa
garde, et méprisant l'unique base, l'unique
pivot sur lequel doivent s'asseoir les plans des
souverains, qui sont la justice divine et humaine, il part audacieusement, croyant soumettre aussitôt la Belgique, qui, dans sa démence, auroit été abandonnée par des armées
étrangères depuis long - temps habituées à
triompher comme les nôtres : sans prévoyance
pour la retraite, sans aucuns moyens de tac-
tique, de prudence, il livre bataille; ivre de
quelques premiers succès que la science de
ses ennemis lui accorde pour l'éblouir sur ses
véritables dangers, il se précipite, lui et son
armée, dans le piége, et récompense l'élite

des braves, en la faisant courir à une mort certaine. Ici, point de calculs pour économiser leur précieux sang ; il se flatte follement de pouvoir faire un *coup de main* sur des armées et une cavalerie innombrables, et ne veut pas réfléchir un moment que, dans l'hypothèse même d'un premier et grand succès, des armées fraîches en serre-file qui n'ont pas encore donné, vont reprendre en sous-œuvre la sienne, et lui arracher aussitôt une victoire aisée....... Mais alors il était déjà hors d'état de faire un raisonnement juste, et il s'était placé dans la nécessité de jeter aux hasards la vie de deux cent mille héros...; c'était, pour me servir d'une expression vulgaire, un *va-tout*, dont toutes les chances se trouvaient désormais contre lui...... Pendant ces mortels événemens, on cherchait, on continuait à vouloir fanatiser la populace, et des *énergumènes buonapartistes,* interprètes non avoués des sentimens de la nation, haussaient bien haut le nombre des fédérés et des fédérations ; les dames de la halle même ne furent pas exemptes de la honte d'être accusées d'*enthousiasme*, et un matin, un colporteur se mit à crier devant leurs échoppes, leur acte de fédération ; elles eurent beau protester contre cette risible imposture , dans leurs expressions à la *Vadé*, des *colporteurs d'encens impérial* ne manquèrent pas de porter *aux pieds du trône* les vœux des *bouquetières-amazones* des halles, qui, malgré que leurs inventaires fussent chargés de *lis*, voulaient cependant toutes mourir, disait-on, pour le *père la Violette*, et prétendaient haranguer et arrêter les Cosaques par l'explosion d'un style poissard....... Quant aux charbonniers qui, tout noirs qu'ils sont, ont constamment témoigné préférer les *couleurs blanches*, on fut obligé de les menacer de les priver de leurs plaques, et à la fois de leurs moyens d'existence , s'ils ne voulaient pas se mettre à la hauteur de l'enthousiasme général. *Le grand homme* ne manqua pas d'accueillir sous ses fenêtres, au château des Tuileries et à l'Élysée, ces plaisantes offres de services arrachées par la force et la terreur...Moi-même, qui dévoile ici ces ridicules menées, fus assailli chez moi par un gendarme et un *limier* de police, qui me déclarèrent que j'étais, bon gré, malgré, un fédéré, et que l'*empereur* était enchanté de mon *bon esprit national*. Je m'en défendis en vain ; le sabre au côté on me prouva que j'avais le plus bel enthousiasme...... De ces

odieux et plats artifices d'un fantôme de gouvernement à *l'extréme-onction*, et qui ne faisait plus connaître son existence que par des
crises et des attaques convulsives, passons à
des faits plus graves, et chassons-en pour toujours le dégoûtant souvenir.

———————

CHAPITRE VI.

Bataille de Waterloo.—Gloire du prince de Waterloo.
— Septième fuite du *sauveur de la patrie ;* son
quatrième retour ignominieux dans la capitale ; son
abdication d'un impériatoriat qu'il ne posséda jamais
légitimement, etc.

Nous approchons de plus en plus de là dernière crise. Voici donc le signal des combats
donné, et conséquemment l'occasion nouvelle
pour les armes françaises de se signaler par de
nouveaux faits héroïques! Comment les re-
cueillèrait-on tous!.... Chaque soldat de là
garde, de la ligne, est un héros, et l'on éprouve
en les admirant le regret cuisant qu'un si beau
sang ait été versé pour un aventurier inhu-
main, trop habitué à fomenter l'imagination
des Français, en lui parlant le langage de
l'honneur.... Mais qu'importent des prodiges
de valeur, s'ils ne sont pas dirigés, comme je
l'ai déjà fait entendre, par une main savante,
et surtout sous l'influence protectrice d'une
cause avouée par la justice ?.... Il fallut céder
au nombre, à la supériorité, aux effets confus
et tumultueux d'une retraite pour laquelle *le*

général en chef n'avait rien prévu, si ce n'est les moyens de sauver sa personne du désastre général, et de pouvoir se réfugier dans la capitale, couvert, pour la septième fois, de l'ignominie d'un déserteur, et cependant y recevoir aussitôt de vils flatteurs à gages le surnom de *sauveur de la patrie*, tandis qu'il échangeait impudemment, à l'Élysée, *ses lauriers flétris* contre quelques *myrtes d'amour*.... Pourtant au milieu de ce nouveau et plaisant tribut d'admiration, qu'il s'étonne lui-même qu'on puisse avoir l'infamie de lui payer, les alliés approchent, et, plus francs que les chambres des représentans et des pairs, ne *l'adulent pas* sur les dangers personnels qu'il court. Buonaparte frappé du premier coup qu'il vient de recevoir sur le théâtre encore fumant de *la belle alliance*, poussé par ses ministres, et ceux qui occupent près de lui la place de vrais amis, abdique d'un pouvoir qu'il n'eut jamais, et pense jeter une pomme de discorde dans la coalition européenne, par un artifice grossier, sa renonciation au trône en faveur de Napoléon II. Il ne recueille de ce piége sans finesse que la honte de l'avoir imaginé.... Je m'arrêterai ici, pour composer le septième chapitre des faits qui découlent de ceux dont je viens d'entretenir mes lecteurs.

CHAPITRE VII ET DERNIER.

Le dernier hoquet de l'agonie du système *napoléonien.*
— Proclamation de l'abdication en faveur de Napoléon ii. — Nouvelles terreurs militaires exercées
sur la partie saine et royaliste des citoyens de Paris.
— Entrée triomphale de S. M. Louis xviii; cortége
brillant composé de sa garde royale; ivresse qui
tient du délire; et enfin, dernier acte du *grand
drame sanglant.*

Buonaparte, *sans existence politique*, ne
pense désormais qu'à survivre *physiquement* à
tous ses désastres, et après s'être fait, pendant
quinze ans, le régulateur de tous les genres de
mort, il prouve plus que jamais qu'il aime la vie,
et que s'il l'a fait prodiguer aux autres, il n'en
chérit que plus la sienne; un suicide qui paraît
inévitable ne va pas terminer ses jours, il veut
vivre pour le tourment de l'homme dont il a
méprisé les intérêts les plus chers; il se dit en
secret que, sous les auspices affreux de son nom
et de sa criminelle célébrité; le sang humain
sera encore long-temps répandu; et comme
un torrent destructeur et fougueux qui, après
avoir ravagé les campagnes, ne laisse, en se

retirant, qu'un limon infect et dangereux; de
même Napoléon, absent, laisse dans toutes les
âmes l'esprit de discorde, de dissention, le feu
des passions vengeresses et le foyer enflammé
des guerres civiles. C'est en vain que des mers
immenses vont le séparer du continent, l'isoler
sur des roches arides; son ombre plane encore
d'un vol funeste sur toute l'Europe, et *Buonaparte* enfin respire dans tout ce qu'il y a de
malfaisant et de dangereux. A cet égard, combien le damnable fanatisme, qu'il a inspiré à
ses enthousiastes, s'est douloureusement ma-
nifesté lors des journées des 3 et 4 juillet !
au sein même d'un peuple immense on assassine de fidèles royalistes, et c'est le couteau d'un
napoléonien qui ose impunément se montrer
teint du sang d'un loyal Français! le meurtrier
traverse tranquillement une foule frappée à la
fois de stupeur et de sa criminelle audace, et
l'impunité est assurée à cet infâme forfait!....
Quittons pour toujours ces peintures déchi-
rantes, les plus beaux tableaux nous atten-
dent; on sent déjà que je veux parler des ap-
proches consolantes d'un souverain adoré....
Qu'ils frémissent de rage tous ces *sicaires*,
tous ces esclaves déhontés, qui ont traîné le
char sanglant de Napoléon, en contemplant

l'ivresse, le délire des vrais Français, des gens
de bien ; c'est ici le TRIOMPHE DES ROYALISTES ;
et triomphe fût-il jamais plus flatteur et plus
mérité !... Ne vous semble-t-il pas, vous qui,
comme moi, chérissez les BOURBONS, VOUS,
apôtres de VOS PRINCES LÉGITIMES, que l'air est
déjà plus pur, le ciel plus serein ; c'est celui de
la liberté, sous les auspices d'une monarchie
paternelle : on ne craindra plus de voir cette
association grotesque de mots, tels que *liberté
individuelle*, *idées libérales*, retentir particu-
lièrement dans les assemblées de la servitude
ou les cachots de la Force ; des journalistes à
gages, écrivant à *plat-ventre* sous le poids de
l'argent et le joug d'une police tyrannique, ne
vanteront plus les prémisses du retour du
héros qui, pour premiers présens funestes,
répandit sur notre sol l'horreur des guerres
intestines et extérieures.... Non.... — vous ne
tremblerez plus, citoyens, épouses et mères
désolées ; vous ne craindrez plus de voir à
votre lever placarder à votre porte l'arrêt
mortel de vos fils, de vos frères, de vos ne-
veux !... *La guillotine de Robespierre*, qu'un
Corse avait eu le génie malfaisant de changer
en un *sabre impérial*, est brisée pour toujours ;
les registres sanglans de la conscription, de

4

la fédéralion, des arrestations ; les *coulisses ridicules* du Champ-de-Mai, ou de plus ridicules *polichinélies* ont donné le spectacle prétendu national d'une farce politique ; tous ces échaffaudages sont détruits, tous ces vains refuges du *crime en démence* sont renversés, et les cent deux jours d'une dictature atroce sont passés à jamais ! Nous n'irons plus *sous l'ordre de la baïonnette* creuser des tombeaux sous les murs mêmes de la capitale ; Dieu a pris pitié de nous, et manifeste visiblement sa toute-puissance dans la dernière scène qui vient de se passer !.... Que le sourire qui avait déserté vos lèvres y paraisse donc sans crainte ; continuez, sexe charmant, qui trouvez dans l'exil du tyran et le retour de Louis xviii votre principal bonheur ; vous mères, sœurs, épouses intéressantes dont les affections ont été si long-temps déchirées et méconnues, continuez, dis-je, de vous livrer sous les yeux de votre roi aux justes transports de votre délire.... Méprisez *le buonapartiste*, ennemi jaloux de votre félicité, qui cherche sans cesse à la troubler par les efforts impuissans de sa secrète rage, votre joie fait son supplice, et malgré les vils et exécrables moyens de ses *ciseaux*, de son *eau-forte*, de *ses cris*

de mort, vous triomphez plus que jamais de sa
fureur en démence ; ne vous attendez pas qu'il
puisse vous pardonner un bonheur qui cause
sa honte, et auquel son défaut de délicatesse,
d'humanité et de sentiment le rend tout-à-fait
étranger ; il a beau se venger par un sourire
ironique, il étouffe du fiel qu'il nourrit, et
le triomphe des royalistes et de la cause sainte
le précipite enfin , avec la derniere scène du
GRAND DRAME SANGLANT, dans le mépris et
l'oubli dont il n'aurait jamais dû sortir.

Gardez-vous donc bien de ces craintes pusil-
lanimes et chimériques qui , doublant l'impor-
tance du *napoléoniste*, accréditent les nouvelles alarmantes qu'il affecte de répandre souvent avec un air affligé, afin de jouir de votre
douloureuse surprise, et comprimer sur votre
figure l'allégresse qui y éclate et qui cause
à la fois son mortel dépit.... Il ne manquera pas
de vous dire, d'un ton mystérieux et plein de
ses criminelles espérances : « On dit, *on assure*
» *même* que Buonaparte ayant séduit tout l'é-
» quipage du *Northumberland*, s'est échappé
» sur un esquif ; et favorisé par un corsaire
» tunissien, ce héros va bientôt appeler, de
» tous les points de l'Europe, ses nombreux
» partisans vers les côtes d'Afrique, qui désor-

» mais vont devenir le théâtre de ses nouvelles
» tentatives..... » Lui-même, dans son absurde
fanatisme, ce *napoléoniste* souvent croit à cette
fable ridicule, s'il ne l'a pas forgée le premier;
mais loin alors de témoigner une inquiétude
dénuée de toute espèce de fondement, riez de
la pitié qu'inspirent l'imposture et l'imposteur;
et soigneux d'éviter la présence de cet *ennemi-
né* de la joie et de la félicité publique, de ce
colporteur de mensonges, ralliez-vous aux vrais
Français..... Ne voyez-vous pas déjà les flots de
cette foule animée du plus vif enthousiasme,
accélérer, par ses cris de vive le Roi! le moment fortuné où notre généreux monarque
viendra nous rassurer, nous consoler par les
paroles et les gestes de la plus affectueuse
expansion?.... C'est également là, sous les
fenêtres du château, que, confondant mes
transports avec les vôtres, vous m'entendrez
crier : Vive! vive le Roi! et rejetant pour toujours la mémoire de la plus odieuse usurpation, nous nous consolerons dans la perspec-
tive d'un avenir de bonheur que la dynastie des
Bourbons peut seule procurer à la France.

FIN.

EXPOSITION DES MATIERES

CONTENUES DANS CHAQUE CHAPITRE.

FIN DE LA TABLE DES MATIÈRES.

DE L'IMPRIMERIE DE MADAME VEUVE JEUNEHOMME,
rue Hautefeuille, n°. 20.

www.ingramcontent.com/pod-product-compliance
Lightning Source LLC
LaVergne TN
LVHW022024080426
835513LV00009B/874